Erfolg ist Orgasmus

Autoren: Gilbert Zenner, Ersen Mustafalic

Erfolg ist Orgasmus! Du willst Erfolg! Erfolg ist toll, Erfolg macht dich reich und beliebt und ermöglicht dir das Leben das du dir wünscht.

Erfolg ist Erfahrungen und Erlebnisse. Erfolg ist der Zweck des Lebens. Jede Erfahrung ist ein Erlebnis, du willst sie intensiv erleben, jede Erfahrung ist eine Bereicherung, sie bringt dich weiter, sie verbessert dein Leben, sie

gibt dir tolle Erinnerungen, sie macht
dein Leben besser und aufregender,
sie macht dein Leben lebenswert.

Denk nur an Musik, an Spaß, an
Freunde und Freude, denk an Tanz
und Umarmung und Party und
Alkohol und Spaß und Lachen und
Applaus und Cool-Sein und
Aufmerksamkeit und Aufgedrehtsein
und Abenteuer und Delirium und
Bewegung und Effekt und Genuss

Und du bist mit deinen Freunden da
und lernst neue aufregende Leute
kennen die deine Freunde werden
und dein ganzes Leben kann so schön

und toll sein wie die beste Party deines Lebens und hau einfach rein und wir zeigen dir hier was du machen musst, es ist so einfach, hab Spaß und wir zeigen dir wie du Erfolg hast und Erfolg ist Orgasmus, es ist dieses grandiose Gefühl, dieses Erlebnis, du willst es immer und überall haben, Schönheit, Berührung, Spüren, Ansehen, Wachsen, reicher und erfolgreicher werden, Evolution, Produktion, schöne Wörter bezwecken ein Lächeln, Freude am Leben, Bewegung, verbunden mit Zielen, produktiv und elegant deine Ziele erreichen, fremde Sprachen dekodieren, Gemütlichkeit und

Entspannung, das Sein geniessen, das Ganze erleben, dabei mitarbeiten, heute an etwas arbeiten was dich weiterbringt, Musik mit Bewegung, miteinander. Ein Muster, ein künstlerisches Motiv, eine Aktivität. Ein Nutzen. Du wirst durch Spaß und Vergnügen erfolgreich und wir helfen dir dabei, wir sagen dir genau was du tun musst, es ist so einfach und angenehm.

Im Leben musst du Spaß haben, du musst Schönheit erleben. Werkzeuge nutzen. Mit Werkzeug messen und

schneiden, giessen, Patent, Idee,
Reichtum, Besitz, Anerkennung,
Arbeit, Errungenschaft, Fortschritt,
Niederschreiben, klarer Ausdruck
deiner Ideen und Wünsche, deswegen
auch Erfüllung und Erreichen deiner
Ziele. Ein klarer Geist erreicht klare
Ziele. Klarheit ist schön und rein und
angenehm und bringt Erfolg und
Freude und Vergnügen und macht
dich beliebt.

Erfolg ist Orgasmus, ist dieses
wunderbare Erreichen deiner Ziele
und überschüttet-werden mit
Reichtum und Erlebnissen,

schmecken, erfühlen, tasten, sehen, Sinnlichkeit.

Worum geht es im Leben? Um das Erleben von Erfolg, Freude, Anerkennung, Aufstieg, Geschmack, Essen, ..., du willst erleben!
Was ist schon Reichtum ohne Erlebnisse? Ohne Abenteuer? Ohne Spaß? Nur die kleine Miete...du willst die ganz große Miete. Du willst dass dein Leben eine Party ist! Du willst Action und Sinnlichkeit..Nur nicht langweilig rumhängen. Was soll das schon bringen? Nichts? Das ist doch verpöhnt. Nein, du willst das ganz große Leben, ganz groß auf der Party

leben, das beste Essen schmecken. Du weisst was gut ist.

Wir führen dich auf dem Weg dorthin. Wir verraten dir hier und jetzt wie du loslegen kannst und wie du vorgehen musst, es wird sehr einfach sein, lass dir keinen Stress einreden, der Weg zum Erfolg ist kinderleicht, du musst nur ein paar Dinge richtig machen und zeigen dir jetzt genau was!

Ja, es ist so einfach und toll und schön auf dem Weg zum Erfolg und wir sind so großzügig dir alle Geheimnisse zu verraten. Lies einfach unser Heft hier und schon morgen wirst du wissen wie du reich und erfolgreich wirst. Es ist so geil!

ERINNERE DICH: ERFOLG IST ORGASMUS!

Los gehts! Auf zum Orgasmus! Yeah! Der Höhepunkt der Sinneserfahrung! Jetzt und jederzeit und überall! Du willst dein Leben so intensiv wie möglich erleben! Das ist deine erste Aufgabe zum Erreichen des Orgasmus. Ist es nicht geil, Sinnlichkeit zu erleben? Es ist super geil! Erst Sinnlichkeit macht dein Erleben und Leben interessant und lebenswert. Ja, es ist so dramatisch!

Erst jetzt lernst du wie du dein Leben geniessbar machen kannst. Wir vergolden dein Partyleben! Du machst also weiterhin Party, oder fängst endlich damit an und wir helfen dir jetzt es noch viel schöner und brillianter und geiler und aufregender zu machen! Also lass die Sektkorken knallen und hau rein! Ein besseres Leben! Erfolg!
WICHTIG: ERLEBE! SPUER ALLES! SCHMECK ALLES! KONZENTRIER DICH AUF DEIN ERLEBNIS!
Damit wird sie intensiv und geil und stark und schön und gefühlvoll! Wie versprochen: Es ist so einfach Erfolg

zu haben ABER du musst das RICHTIGE machen. Also KONZENTRIER DICH AUF DEIN ERLEBNIS! Das ist schon die Grundlage für Erfolg! Einfach weitermachen wie bisher, Party machen und geniesse es! Toll, nicht wahr? So einfach, so geil. So cool. Du sollst also genauso weiterleben wie bisher! So viele Leute reden dir Party aus sobald es um Erfolg geht, stattdessen schicken sie dich auf die Uni...was soll das?
Ein Diplom macht nicht glücklich..Party macht glücklich! Jetzt freust du dich, du hast ein Buch zu Erfolg und Orgasmus gefunden das

dich ermutigt Party zu machen. Freu dich jetzt intensiv! Freu dich jetzt! Hab jetzt Erfolg und Orgasmus indem du dich freust! Wie geil ist doch das Leben. Einfach nur intensiv erleben! So einfach, so geil! Du bist auf dem richtigen Pfad zum Erfolg! Wie geil! Einfach nur dein tolles Leben erleben und du bist erfolgreich..jetzt geht es weiter, wir führen dich zu noch mehr Genuss und Spaß und Sinnlichkeit und Power und Freude und Leben. Pass mal kurz auf, es ist sehr einfach, du musst es nur kurz lesen:

WICHTIG SIND GUTE FREUNDE!

Du willst tolle Freunde haben mit
denen du nur Spaß hast.
Du willst Freunde haben dir dir
weiterhelfen. Wie geil! Gute Freunde!
Du brauchst sie! Schlechte Freunde
machen nur Stress und den brauchst
du nicht! Für Erfolg brauchst du nur
gute Freunde und Spaß, keinen Stress.
Also ist Schritt Nr. 2: finde und
behalte gute Freunde und trenne dich
von schlechten Freunden! Sehr wichtig
und doch sehr einfach wenn du ein
paar Methoden einhälst: Gute
Freunde helfen dir und lassen dich
nicht im Stich! Also trenn dich von
falschen Freunden die dir nicht helfen

sondern dich hängen lassen. So einfach, so effektiv. Säubere deinen Freundeskreis.

ERINNERUNG: SUCHE UND BEHALTE NUR FREUNDE DIE DIR HELFEN: NUR GUTE FREUNDE

Die Verbesserung in deinem Leben wird enorm sein! Du wirst schon heute sehr viel mehr Spaß und weniger Stress haben! So toll! Freu dich! Grandios! Dein Leben wird ab heute absolut besser werden weil du jetzt nur noch tolle Freunde hast. Dein Leben

ist eine tolle Party mit tollen Freunden und ein tolles Erlebnis.
Erfolg! Orgasmus! Höhepunkt! Sinnlichkeit. Jetzt wo du ein schönes Leben hast kannst du es auch intensiv erleben und geniessen. Nur Spaß! Nur Erfolg! Kein Stress mehr! Wie geil! Wie versprochen ist auch unser zweite Schritt einfach und jetzt erlebst du schon viel mehr Erfolg und Gefühl als früher! Dein Leben blüht auf wie eine tolle, schöne Blume! Schönheit, Sinnlichkeit, Duft! Zartheit! Zierlichkeit, Offenheit, Zurschaustellung von Schönheit...es ist so schön und natürlich, dein neues tolles Leben mit tollen Freunden..wie

eine schön duftende Blume an der
gute Bienen den leckeren Necktar
absaugen und guten Polen bringen.
Eine schöne, prachtvolle Blume, dein
neues Leben.
Rieche an der Blume deines Lebens!
Geniesse sie! Sie wird noch viel besser
und intensiver!
Alles blüht auf! Alles ist toll! Du bist
Erfolg! Und es geht noch viel weiter.
Wie geil kann es dann überhaupt
noch werden, fragst du dich jetzt
sicherlich überschäumt von der
Schönheit deines tollen Lebens...ja,
wie viel schöner kann es dann jetzt
noch werden, als ein intensives Leben
zu geniessen voller guter Freunde die

dir helfen? was kann denn jetzt hinzukommen?

MACH WORAUF DU LUST HAST UND MACH ES MIT DEINEN GUTEN FREUNDEN!

Es wird jetzt super geil! Jetzt wo du nur noch tolle Freunde hast stehen dir alle Türen auf dein Leben zu verwirklichen! Du kannst jetzt voll krass loslegen in deinem Leben ohne arbeiten zu müssen und ohne auf die Uni gehen zu müssen! Keine Mühe mehr! Nur noch Spaß! Mach einfach nach Herzenslust das wonach dir

grade ist! Einfach so! Geniesse es! Hab einfach hemmungslos Spaß!
Jetzt kommt der Schritt des Unternehmens! Du musst einfach freimütig handeln! Leg los und mach alles worauf du Lust hast und erlebe es intensiv! Mit guten Freunden oder alleine! Wie du willst, du allein bist wichtig, erlebe und handle! Worauf hast du Lust? Mach genau das! Sei spontan und gönne dir dein Traum-Abenteuer und erlebe ALLES intensiv. Geile Erfahrung!
Und jetzt: mach jeden Tag etwas GEILES! Handle jeden Tag! Handeln ist super-wichtig! Es eröffnet dein Leben weiter! Es ermöglicht dir neue

Wege zu gehen und neue Kontakte zu knüpfen! Es ermöglicht dir neue geile Erlebnisse! Egal ob du Party machst oder etwas anderes GEILES, handle! Mit guten Freunden. Es ist immer besser, mit guten Freunden zu handeln. Lass sie teilhaben an deinen geilen Erlebnissen, sie werden dich dafür lieben und feiern, sie werden dich vielleicht beschenken..dich an neue gute Freude weiterleiten..sie werden dir eine tolle Zeit ermöglichen.

Gute Freunde sind sehr nützlich, sie erleichtern dir vieles! Du brauchst sie! Mit guten Freunden ist alles einfacher! Erklär ihnen deine Wünsche und lass

sie handeln! Gute Freunde werden dir immer helfen! Wie geil! So erkennst du auch falsche Freunde: sie helfen dir nicht. Du musst falsche Freunde erkennen, sie schaden dir nur. Und falsche Freunde erkennst du am einfachsten indem du sie um Gefallen bittest, denn sie erfüllen dir keinerlei Gefallen! Nein! Nur gute Freunde machen dir Gefallen! Also, äußere deine Wünsche!
Trenne dich von deinen falschen Freunden! Sehr wichtig!
Du kannst auch neue gute Freunde finden indem du Fremde um Gefallen bittest: wenn sie dir helfen dann ist dein Leben geiler und du hast einen

neuen guten Freund gefunden! So einfach, so geil!
Finde möglichst viele gute Freunde, sie machen dein Leben viel geiler!

**ERINNERING: HANDLE! ERLEBE DEINE WÜNSCHE! TEIL SIE DEINEN FREUNDEN MIT! LASS DIR HELFEN! GIB FREMDEN DIE CHANCE, GUTE FREUNDE ZU WERDEN INDEM DU SIE UM GEFALLEN BITTEST!
FINDE MÖGLICHST VIELE GUTE FREUNDE!**

Ja, geil mit guten Freunden deine Wünsche erleben! Intensiv! Wie geil!

Es ist super-wichtig dass du handelst, nur so lebst du! Jetzt bist du schon sehr weit! Jetzt wird es richtig geil! Jetzt wird es immer geiler! Es geht weiter und höher und gefühlvoller und prickelnder und WOW!

Jetzt erlebst du intensiv, jetzt hast du nur gute Freunde, jetzt hast du keinen Stress mehr, sehr wichtig!, jetzt lässt du dir helfen, auch sehr wichtig!, jetzt handelst du und machst was dir Spaß macht! Wie geil! Wie toll! Was kommt jetzt? Was könnte denn noch kommen? Wieviel geiler wird es denn jetzt?

**KAUF DIR GEILE
WERTSACHEN!
WIR ZEIGEN DIR WIE DU
REICH WIRST!**

Jetzt baust du dein Leben aus und bereicherst dich noch mehr mit tollen Erlebnissen. Es gibt so viel mehr noch zu entdecken und zu erleben! Willst du ein teures Auto? Ja! Willst du eine teure Wohnung? Ja! Willst du noch mehr Ansehen? Ja! Jetzt bringen wir dir bei, richtig reich zu werden und zwar flott und sicher und elegant und wie ein Meister und dabei wirst du dein Leben so richtig geil geniessen können! Alles Geld will zu dir!

Empfange es mit offenen Armen! Damit das Geld zu dir kommen kann musst du deine freien Betten vermieten. Und deine Garage. Auch deinen Garten. Vermiete jede Wohnfläche und jede Garage und empfange Geld dafür! So bekommst du ein richtig geiles monatliches Einkommen das dir ein richtig geiles Leben ermöglicht! Voll krass die Party, und das jeden Tag! Jeden Monat!

Das Geld will zu dir! Mach ihm die Türen auf! Lass es hineinfliessen zu dir. Ja!

Also, was sollst du jetzt alles tun? Verkauf alles was du nicht brauchst!

Und nochmal, vermiete jedes freie Zimmer, jedes freie Bett das du hast! Und wenn du einen leer stehenden Raum hast, dann schieb dort ein Bett hinein und vermiete ihn als Schlafzimmer. Vermiete alles! Sehr wichtig! So bekommst du Geld rein und zwar satt! Du brauchst und willst das Geld das du durch Vermieten bekommen kannst!
Denk an die ganzen Partys und Drinks und das leckere Essen und Autos und Bikes und Schmuck, alles was du damit alles kaufen kannst! Wie toll und schön und geil! Die duftende Blume deines Lebens! Das Geld schiesst nur so in sie hinein! Wie geil!

Erlebe alles intensiv mit guten Freunden. Erlebe das ultimative Leben! Sei geil drauf! Jeden Abend mit dem teuren Flitzer zur Luxus-Party. Zieh dir das rein! Du brauchst nur Geld! Geld regiert die Welt! Geld und gute Freunde bringen dich überall hin! Jedenfalls überall dorthin wo es Spaß macht, auf jede geile Party und in jede geile Location!
Du brauchst also Geld!
Also vermiete!
Frag deine Freunde sie sollen dir helfen, Untermieter zu finden. Lass deine Freunde dein Konto auf airbnb.com erstellen falls du damit

selber Probleme hast. Zum Helfen sind Freunde ja da.

So bekommst du richtig Geld! Pro Monat! Es geht weiter und du wirst schnell reich! Und kannst dir das Geilste leisten! Noch mehr Geld: vermiete eine Garage im Stadtzentrum und mach richtig Geld!

Wenn du willst, dann arbeite in deiner Freizeit als Fahrer bei UBER/LYFT, so lernst du leicht neue Leute kennen und verdienst noch Geld.

Dein Geld musst du in Wertsachen investieren, denn auf deinem Konto ist es nicht sicher. Dein Bankkonto wird in ein paar Jahren LEER sein, warum? Wegen der Finanzkrise, die in 2

Jahren kommt! Ja, all dein Geld auf der Bank wird kaputt sein! Du wirst bankrott sein! Alles futsch! Also, rette dein Geld JETZT! Investier es in Schmuck, den bekommst du recht billig und den kannst du leicht und sicher in einem TRESOR einsperren, den du bei einer Bank mieten kannst. Schmuck ist immer leicht zu bekommen, das ist jetzt sehr praktisch. Und er lässt sich auch leicht verkaufen. Mit ein bisschen Verhandeln machst du da saftig Profit! Du wirst also noch viel reicher!
Ja, deine Bank lässt dich fallen, doch deinen Schmuck können sie dir nicht nehmen!

DEINE WERTSACHEN IM TRESOR KANN DIR DEINE BANK NICHT STEHLEN! DORT IST ALLES AUF EWIG SICHER!

Deinen Schmuck darfst du dir auch umhängen und deine Freunde damit beeindrucken! Schmuck ist eine sichere Anlage für Geld.
Geniesse deinen Schmuck, er zeigt wie gut du dein Geld anlegst. Er ist wunderbar und wertvoll.
Geniesse deinen Reichtum!

ERINNERUNG: KAUF SCHMUCK! VERMIETE DEINE

WOHNUNG! MACH ALLES ZU GELD UND ALLES GELD ZU SCHMUCK!
UND LEG SOVIEL SCHMUCK WIE MOEGLICH IN DEINEN TRESOR!

Jetzt geht es weiter! Bau weiter aus! Dein Geld wie beschrieben sicher in Schmuck oder in Immobilien investieren..und diese Immobilien musst du dann auch gleich wieder vermieten. Behalte nur sehr wenig Geld auf der Bank und verlagere dein weniges Geld in die Staatsbank! Diese hat die beste Überlebenschance und sichert das meiste Geld. Noch besser ist, du hebst all dein Geld in Bar ab und sicherst das in einem Tresor! Dort ist es ganz sicher!

ALSO: SICHERE DEIN VERMÖGEN IN BAR IN EINEM TRESOR! NICHT AUF DEINEM BANKKONTO!

Mach auch jedes monatliche Einkommen immer sofort zu Bargeld und speichere dieses in deinem Tresor für Schmuck!
Du kannst auch Aktien kaufen und von den Dividenden leben! Investier Geld und lebe von der Rendite. Dafür musst du aber viel Geld sehr gut

investieren. Das ist schwierig. In Aktien sollst du nur investieren wenn du genug Geld zur freien Verfügung hast und ein Unternehmen findest dessen Aktien billig sind und deren Wert in Zukunft noch steigen werden. Also kommen nur Unternehmen in Frage, die eine Krise durchlaufen und auch eine goldene Zukunft haben. Das ist sehr schwierig zu finden.

Willst du Freude, Spaß, Erlebnis, das tolle Leben, dann brauchst du ein monatliches Einkommen das deine Kosten abdeckt! Nie wieder Schulden! Nie wieder Stress! Nie wieder Sorgen!

Jeden Tag Party! Wie toll! Wie geil!
Du willst mehr Geld.
Jetzt bist du schon fast am Ziel! Du
bist schon fast am Orgasmus! Du bist
schon fast Erfolg!
Wie geil! Wie toll! Jetzt noch den
letzten Schritt wirklich ausführen:
soviel monatliches Einkommen wie
irgendwie möglich. Bau es immer
weiter aus. Jeden Monat.

Jetzt bist du am Ziel! Jetzt schon!
Party, Anerkennung, Reichtum, Spaß,
Status. Erlebnisse. Erfahrung.
Schönheit. Gefühl. Harmonie.
Zierlichkeit. Zärtlichkeit. Gefühlvoll
Leben. Deine Freunde.

Kameradschaft. Alles machen
können. Viel Geld, große
Möglichkeiten. Unbegrenzter
Horizont. Vielfältige Wahl jeden Tag,
mach was immer du willst, mach nach
Herzenslust worauf du Lust hast.
Jetzt hast du alles und bekommst noch
so viel mehr davon. Soviel wie du
willst. Unbegrenzt viel. Hau rein!
Erfolg! Höhepunkt! Orgasmus! Dein
ganzes Leben wird ein Höhepunkt
sein! Grenzenloses intensivstes
Geniessen!
Ein intensives, positives Erlebnis mit
deinen guten Freunden. Geniesse es!
Diese Anleitung hier gab es noch nie!
Das hier hast du noch nie gelesen! Die

große Wahrheit! Du darfst jeden Tag Party und Spaß haben und doch ein sehr erfolgreiches Leben führen! Wie geil! Kein Diplom, keine Arbeit, kein Stress!

Es ist so toll und einfach! Wir haben es dir jetzt gezeigt! Geniesse dein neues Leben! Vergiss all die alten Verweigerer! Sie wollen nicht dass du Spaß hast! Sie wollen, dass du versagst! Vergiss sie! Dein Partyleben ist der Weg zum Erfolg!

Es ist so einfach und fantastisch, so geil, so frivol, so brilliant, so prickelnd, so gefühlvoll!

Wunderbar, nicht wahr? Unsere Anweisung hier ist neu und originel und genau für dich geschrieben! Wir wollen dass du Spaß hast, wir wollen das du die Wahrheit erkennst die andere böse Menschen dir verschleiern wollen! Sie wollen dass du Stress hast! Wir wollen dass du intensiv lebst!

Du bist jetzt am Ziel! Du bist jetzt erfolgreich! Du bist jetzt Orgasmus!

HURRA! ERFOLG IST ORGASMUS! DU HAST JETZT EIN TOLLES LEBEN! GENIESSE ES! ERLAUBE DIR DEINEN ORGASMUS! HAU REIN! LEBE DEIN LEBEN VOLL!

Jetzt geht es weiter! Du hast Spaß, geniesst dein Leben, alles ist toll und intensiv! Wow! Wie kann es jetzt noch besser werden? Stell auf jeden Fall sicher dass es weitergeht und dass es schön bleibt! Behalte und vergrößere dein monatliches Einkommen immer weiter! Nur so hast du Party!
Wir raten dir an, dich weiterbilden zu lassen. Dafür schicken wir dich nicht etwa auf die Uni, sondern du sollst Mentoren finden, also Leute die dir nützliche Infos geben können und am besten auch kontruktiv dich in lukrativen Bereichen ausbilden können: such dir Mentoren für

Investments, für Aktien und Kryptowährungen, such dir Mentoren für jede Form der Bereicherung. Lass dir auch Infos geben wie du an Geld und Freunde und an tolles Essen kommen kannst und wie du dein Leben noch besser geniessen kannst.

Mentoren zu finden und mit ihnen zu arbeiten ist zwar Arbeit, doch diese Arbeit lohnt sich sehr! Mentoren bringen dir das Wissen bei womit du dein Leben noch vielfach verbessern kannst! Ohne Mentoren kommst du nie an das richtige Geld! Ohne Mentoren kommst du nie an die guten

Möglichkeiten. Du brauchst ihre Hilfe, also nutze sie!
Wir bringen dir jetzt auch Kniffe bei wie wir Geld gemacht haben: wir haben in Kryptowährungen investiert: In Bitcoin, in Bitcoin Cash, in Ethereum, in Ethereum Classic und in Stellar. Ja, 5 Kryptowährungen, die mit der Zeit im Wert ansteigen. Ich habe dies über meinen Mentor Ersen gelernt und jetzt gebe ich das Wissen an euch alle weiter, natürlich mit freundlicher Erlaubnis von Ersen. Ich habe 500€ in jede dieser Währungen investiert, 600€ in Stellar. Die Rendite wird wohl nicht grandios sein doch eine gewisse Stange Geld

wird mir das geben. Dann wird sich das Investieren sehr gelohnt haben! Leider gibt es zurzeit keine Kryptowährung die in kurzer Zeit extrem profitabel ist.

Wichtig ist, dass du dort investierst wo der Wert steigt und dort wo der Wert noch billig ist! So bekommst du viel auf einmal und hast nachher viel mehr Rendite! Niedrige Anfangswerte ermöglichen nachher eine sehr viel höhrere Rendite, also kauf billig ein! Deine Rendite ist immer der Prozentsatz der Steigerung deines Kaufpreises! Je billiger du das Coin einkaufst desto größer wird nachher deine Rendite! Und kauf möglichst viele billige Coins: so vervielfachst du nochmals deine Rendite und sahnst richtigen Reichtum ab. Du darfst ab 1€ beliebig wenig Geld investieren, falls es nicht für einen Coin reicht dann bekommst du einfach einen fairen Anteil an einem Coin! Also lass dich nicht von den Preisen der einzelnen Coins abschrecken sondern investier so wie ich es jetzt gemacht habe!

Und nochmal: entferne dein Geld von deiner Bank und sichere dein Vermögen entweder in Bar oder als Schmuck in einem Tresor!

Einen Tresor kannst du dir sehr einfach bei deiner Bank mieten, dort hast du dann direkt Zugriff.
Tresor ist etwas ganz anderes als Bankkonto! Das musst du verstehen! Einem Tresor darfst du vertrauen, einem Bankkonto nicht! Ein Tresor wird niemals leer gehen, selbst dann nicht wenn die Bank Pleite macht! Super wichtig und super nützlich!

Jetzt an dieser Stelle empfehlen wir dir auch in ein billiges Land zu ziehen wo du einfach und günstig leben kannst. Unsere Wahl ist hierbei Montenegro. Dies ist für uns sehr ansprechend, auch weil Ersen von

dort kommt und er mir den Einstieg dementsprechend sehr stark vereinfachen kann. Montenegro ist schön billig und ideal für meine zukünftigen Investierungen mit denen ich mir meine Zukunft aufbauen kann. Mach du das auch!
Such dir ein möglichst billiges Land wo du dein Partyleben führen kannst! Da bekommst du alles billiger! So sparst du jeden Monat richtig viel Geld und brauchst viel weniger monatliches Einkommen um so richtig eine fette Party feiern zu können! Wie geil! Gell! Wie voll geil!
Das war der letzte Tipp den du noch gebraucht hast und schau mal wie

schön einfach wir dir es jetzt machen, ein voll geiles Leben zu führen, frei von allen Finanznöten..frei von allem Stress. Geniesse es! Das Paradis ist dort, wo das Leben billig ist! Hau rein! Zieh dort hin und geniesse es! Du bist am Ziel! Erfolg ist Orgasmus!
Du bist Erfolg! Du bist Orgasmus!
Und auch weiterhin:
 Nutze Gespräche und mehr gute Freunde zu finden und um dir noch mehr helfen zu lassen. Es ist sehr wichtig dass du dir helfen lässt und dass du auch sehr deutlich und explizit um Hilfe bittest! Also sag genau was du haben willst! Nicht jeder wird dir alles geben können doch deine guten

wahren Freunde werden immer versuchen dir zu helfen! Vielleicht kennen sie jemanden der dir helfen kann und leiten dich an ihn weiter! So lernst du neue gute Freunde kennen und gewinnst noch Gefallen hinzu! Behalte nur gute Freunde. Trenne dich von Jedem, der dir nicht helfen will!

Du bist viel besser dran ohne sie! Sehr wichtig: Klau Nichts! Diebstahl ist ein Verbrechen und Verbrechen bringen dir nur jede Menge Ärger ein und versperren dir alle Türen im Leben! Sehr viele gute Freunde werden sich weigern dir weiterhin zu helfen wenn du ein Verbrechen begangen hast. Also: Stiehl niemals! Vermeide, deine Freunde um Geld zu bitten. Dein Geld musst du übers Vermieten beziehen. Geld muss ehrlich und fair verdient werden. Anders geht es nicht! Wenn es nicht geht, dann musst Du auch nicht reich werden! Es reicht, wenn du dein schönes, tolles, intensives Partyleben finanzieren kannst! Und du musst auch nicht auf die teuren Partys gehen und auch nicht die teuren Drinks kaufen! Nein, du darfst auch billig leben! Wichtig ist nur, dass du Spaß hast und dass du intensiv lebst. Wichtig ist dass du geil drauf bist!

Intensiv leben wie eine schöne Blume!
Geld ist nebensächlich.
Lebensfreude ist Erfolg, ist Orgasmus!
Nicht teure Sachen!
Lebe einfach dein Leben und geniesse es! Das ist wahrer Erfolg! Genuss ist Orgasmus! Alles andere ist eine Steigerung, alles andere ist schön und flott, aber nur wenn du das nötige monatliche Einkommen hast. Du darfst nicht mehr Geld ausgeben als du reinbekommst. Superwichtig!
Hab Spaß auf deinem Niveau und schütte die Drinks rein! Du weisst, was das tolle Leben ist! Du allein weisst das, soviele andere wissen es nicht! Sie arbeiten 8 bis 16 Stunden pro Tag und

geniessen ihr Leben nicht! Wie dumm! Was für eine Verschwendung! Einfach so das Leben vergeuden! Dann doch besser das Leben geniessen! Wer braucht schon einen stressigen Job? Niemand! Ein stressiger Job ist niemals Orgasmus! Niemals!

GENIESSE DEIN ENTSPANNTES LEBEN!

DAS WARS!
JETZT HAST DU DEINEN
ERFOLG UND ERFOLG IST
ORGASMUS! GENIESSE IHN
UND EMPFIEHL DIESES HEFT

ALLEN DEINEN GUTEN FREUNDEN WEITER, SIE WERDEN DICH DAFÜR LIEBEN! ERFOLG IST SO GEIL! MACH ALLES WAS IN DIESEM HEFT STEHT UND LASS DICH VON NIEMANDEM AUFHALTEN! DER ERFOLG UND DER GENUSS GEHÖRT DIR! HAU REIN!

HAB DIE PARTY DEINES LEBENS! DEIN LEBEN LANG!

www.ingramcontent.com/pod-product-compliance
Lightning Source LLC
Chambersburg PA
CBHW030514220526
45464CB00006B/2795